# Einsterns Schwester

# 3

**Arbeitsheft**

mit Lösungen


Herausgegeben von
Roland Bauer, Jutta Maurach

Erarbeitet von
Katrin Baudendistel, Daniela Dreier-Kuzuhara,
Wiebke Gerstenmaier, Sonja Grimm,
Annette Schumpp, Jutta Sorg



Cornelsen

# Inhaltsverzeichnis

**So kannst du mit den Heften arbeiten**

Du machst alle
Seiten der Lernportion 1.

Zuerst im grünen Heft.

Dann im roten Heft.

Dann im gelben Heft.

Und dann im blauen Heft.

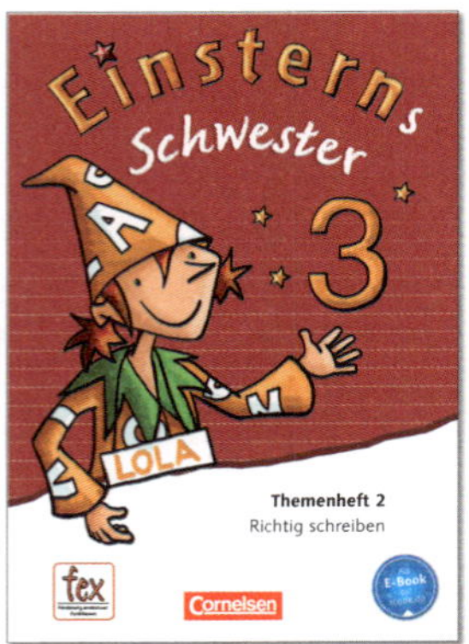

Danach machst du in
allen Heften die Lernportion 2.

Nun machst du in
allen Heften die Lernportion 3.

Genauso bearbeitest du
alle anderen Lernportionen.

Zu jeder Lernportion kannst du im Arbeitsheft arbeiten.

Dieser Hinweis zeigt dir,
welche die passende Seite
im Themenheft ist.

# 1 Nomen für Gefühle erkennen und bilden



1 Schreibe die Nomen neben die passenden Smileys.

~~Liebe~~ ~~Entsetzen~~ ~~Angst~~ ~~Freude~~ ~~Wut~~

~~Zufriedenheit~~ ~~Trauer~~ ~~Ärger~~ ~~Spaß~~

| | | | | | |
|---|---|---|---|---|---|
|  | Liebe |  | Freude |  | Trauer |
|  | Wut |  | Entsetzen |  | Ärger |
|  | Angst |  | Zufriedenheit |  | Spaß |

2 Gestalte ein eigenes Smiley, das dein jetziges Gefühl am besten ausdrückt.
Schreibe das passende Nomen für dein Gefühl dazu.

3 Stellt euch gegenseitig eure Smileys vor.

# 1 Pronomen passend eintragen

11

**1** Finde die passenden Pronomen und setze sie ein.

| wir | er | es | sie | es |
|---|---|---|---|---|

Tim und Lisa gehen nach der Schule auf den Rummelplatz.

Sie ______ kaufen sich ein Eis. Es ______ schmeckt richtig gut.

Ben steht am Riesenrad. Dort will er ______ unbedingt eine Runde mitfahren. Tim und Lisa gehen lieber zu den Boxautos.

Sie rufen: „Hier haben wir ______ viel Spaß!“

An der Geisterbahn steht ein kleines Mädchen und weint.

Es ______ wird von seiner Mutter getröstet.

**2** Setze die passenden Pronomen ein.

Jeden Morgen geht Tim mit Lisa zusammen zur Schule.

Jeden Morgen geht er ______ mit Lisa zusammen zur Schule.

Frau Maier führt um diese Zeit immer ihren Hund an der Leine aus.

Sie ______ führt um diese Zeit immer ihren Hund an der Leine aus.

Beim Bäcker kaufen die Kinder noch ein frisches Brötchen.

Beim Bäcker kaufen sie ______ noch ein frisches Brötchen.

Das Brötchen kostet 30 Cent.

Es ______ kostet 30 Cent.

Meine Freundin und ich haben heute Schwimmunterricht.

Wir ______ haben heute Schwimmunterricht.

# 1 Zusammengesetzte Nomen bilden

12

1 Schreibe die zusammengesetzten Nomen mit ihrem Begleiter auf.

Schirm | Mantel | Wolke | Tonne | Wurm | Rohr | Bogen | Wald

der Regenschirm, der Regenmantel,
die Regenwolke, die Regentonne,
der Regenwurm, das Regenrohr,
der Regenbogen, der Regenwald

2 Male den zweiten Teil der zusammengesetzten Nomen in die Bilderrahmen.
Markiere jeweils den zweiten Teil der zusammengesetzten Nomen
und ergänze die Artikel.

 die Sonnenbrille

die Sonnenblume

der Sonnenschirm

die Sonnenuhr

der Sonnenhut

das Sonnensegel

# Wörter in Sprechsilben gliedern

**1** Spure die Linien mit verschiedenen Farben nach. Schreibe dann die Wörter mit dem passenden Begleiter auf und zeichne die Silbenbögen ein.

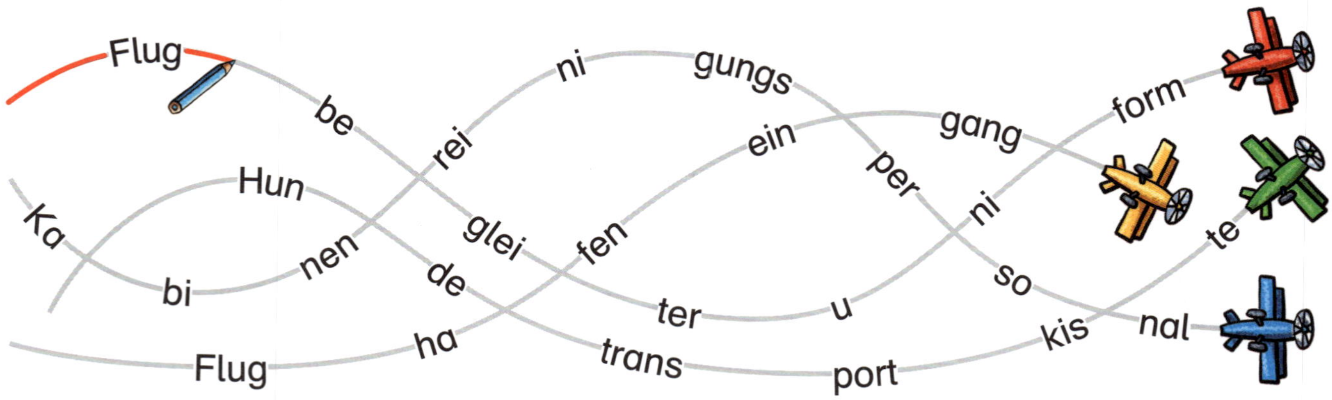


die Flugbegleiteruniform
die Hundetransportkiste
das Kabinenreinigungspersonal
der Flughafeneingang

**2** Setze die fehlenden Silben ein. Ergänze die Silbenbögen.

Heute werde ich zum ersten Mal mit einem Flugzeug fliegen.

Ich halte meine Tasche ganz fest.

Den Koffer haben wir schon am Schalter aufgegeben.

Wir legen den Sicherheitsgurt an.

Das Flugzeug hebt ab. In meinem Bauch kribbelt es.

Ich habe einen Fensterplatz und kann alles gut sehen.

Wie schön die Welt von oben aussieht.

## 1 Silben sprechen und Wörter richtig trennen



**1** Zeichne die Silbenbögen ein. Kreise alle 13 Nomen ein.

Meine Oma ist sehr tierlieb. Sie nimmt alle Tiere bei sich auf,
die alt oder krank sind und kein Zuhause mehr haben.
Jeden Winter kümmert sie sich um kleine Igel,
die die kalte Jahreszeit sonst nicht überleben würden.
Zurzeit gehören zwei Hasen, eine Ziege, eine Amsel,
eine Fledermaus, ein eigensinniger Esel und sogar
ein Uhu zu ihrem Zoo.

**2** Ordne alle Nomen von Aufgabe **1**.

a) Diese Namenwörter kann ich trennen:

die Tie-re, das Zu-hau-se,
der Win-ter, die Jah-res-zeit,
die Ha-sen, die Zie-ge,
die Am-sel, die Fle-der-maus

b) Diese fünf Namenwörter kann ich nicht trennen:

die Oma, die Igel,
der Esel, der Uhu,
der Zoo

Achtung!
Ein Buchstabe darf nie
allein stehen!

# 1 Eine Wörtersammlung erstellen

1 Ergänze Wörter zu diesem Bild.
Notiere das Thema.

Thema: Weltraum

Erde, Galaxie, Sternbild, Planeten, Sterne,
Astronauten, Raumschiff, Mond, …

2 Sammle weitere Oberbegriffe zum Thema **Zoo**.
Trage sie in die Mindmap ein und finde Wörter zu den Oberbegriffen.

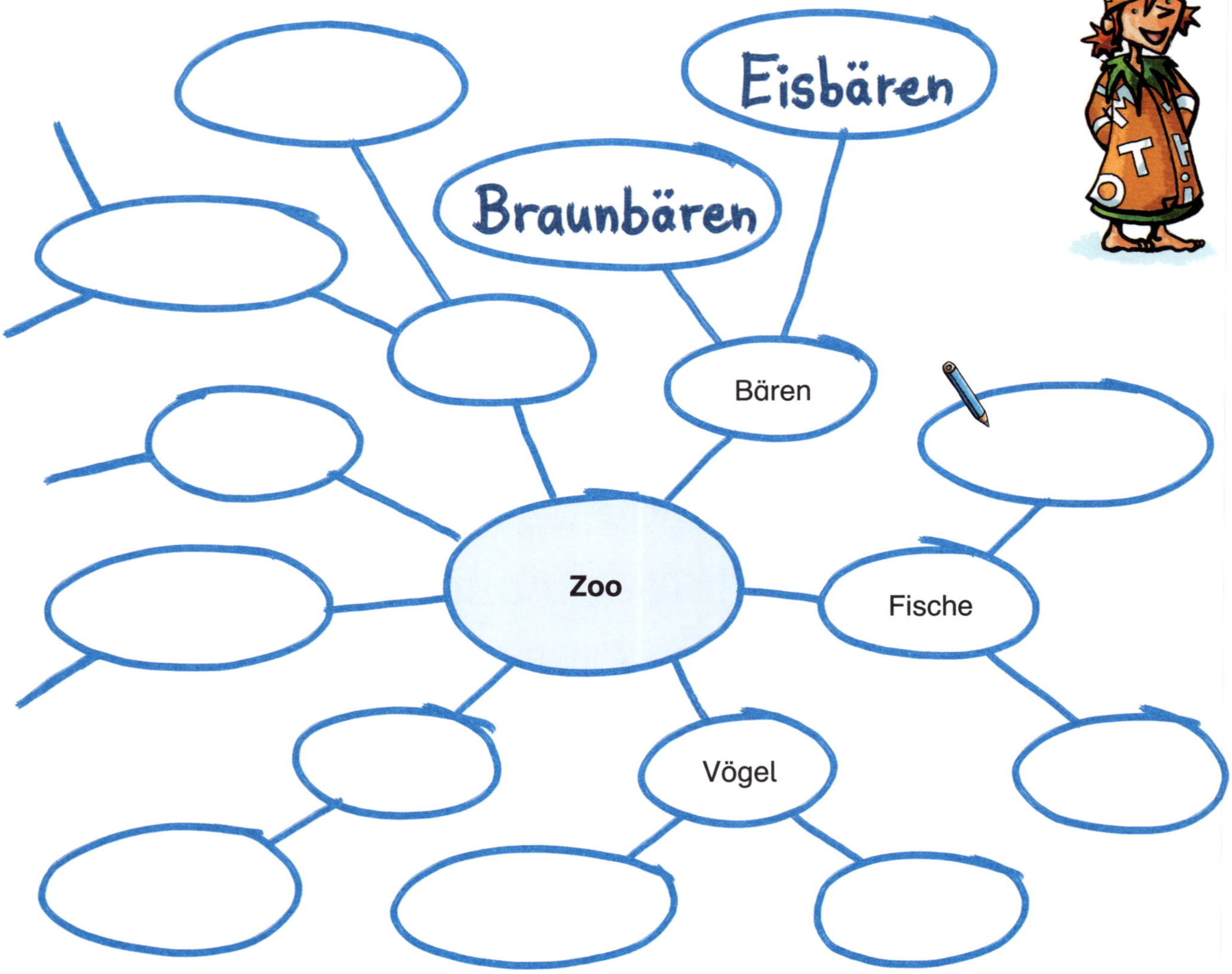

# Lesen üben – genaues Hinsehen trainieren



**1** Lies den Text vor, ohne das Heft zu drehen.

*James Krüss*

**2** Suche im linken Feld die Zahl 1 und schreibe sie im rechten Feld in das richtige Kästchen. Suche danach die 2, anschließend die 3 usw.

**3** In dem Wortgitter stehen 13 Wortpaare und 4 einzelne Wörter. Finde möglichst schnell alle Wörter, die nur einmal vorkommen. Streiche dazu die doppelten Wörter durch.

| | | | | |
|---|---|---|---|---|
| Eimer | gähnen | er | das | oft |
| das | Eimer | viel | leben | Heimat |
| Wort | retten | Fluss | Name | los |
| viel | leben | Heimat | oft | Name |
| mager | er | Affe | mager | Fluss |
| Dreirad | bei | los | Dreirad | retten |

# Ein Bild zu Sätzen malen



1 Zeichne nach der Anweisung. Arbeite sorgfältig.

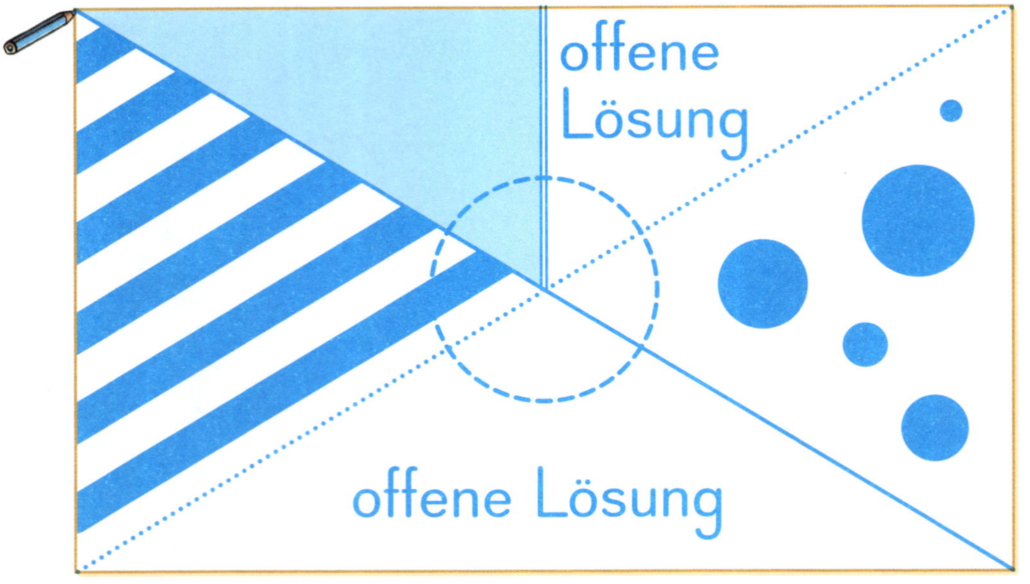


Verbinde mit einem roten Stift die obere linke Ecke mit der unteren rechten Ecke. Verwende ein Lineal.

Verbinde ebenso die beiden anderen Ecken mit einem blauen Stift.

Zeichne um das Kreuz in der Mitte einen gelben Kreis.

Schreibe in das untere Dreieck in deiner Lieblingsfarbe mit Großbuchstaben deinen Vornamen.

Verbinde mit einem schwarzen Stift die Mitte des oberen Randes mit der Kreuzmitte, sodass zwei kleine Dreiecke entstehen.

Male das linke kleine Dreieck orange aus. Schreibe in das rechte kleine Feld dein Alter als Zahl.

Male in das rechte große Dreieck fünf unterschiedlich große lila Punkte.

Zeichne in das letzte Dreieck ein Zebramuster ein.

# 1 Ein Leserätsel lösen

1. Schneide die Legeteile aus.

2. Ordne die Vogelhäuser richtig an.
   Lies dazu die Beschreibung genau.

5 Das Vogelhaus mit dem lila Dach steht nicht neben dem gelben Vogelhaus.

1 Das Vogelhaus links ist grün.

4 Das gelbe Vogelhaus hat ein schwarzes Dach.

2 Das rote Vogelhaus steht zwischen dem blauen und dem grünen Vogelhaus.

3 Das Dach des roten Vogelhauses ist braun gestrichen.

8 Im Vogelhaus mit dem grauen Dach brütet die Amsel.

6 In den Vogelhäusern wohnen eine Meise, eine Amsel und ein Rotkehlchen.

7 Ein Vogelhaus ist leer.

9 Das gelbe Vogelhaus hat keinen Bewohner.

10 Das Vogelhaus der Meise steht nicht am Rand.

3. Lies die Beschreibung nochmals und überprüfe deine Lösung.

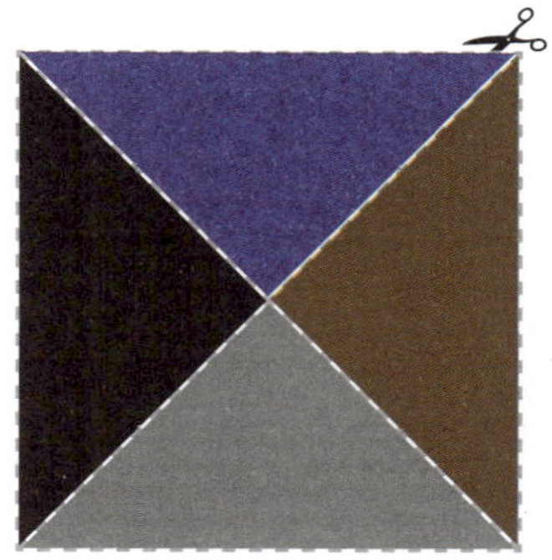

# 2 Passende Verbformen bilden

1 Kreise die Grundform der Verben und die dazugehörigen Personalformen in derselben Farbe ein.

gehen | es steht | kicken | ich spiele | wir rufen
ich mache | ihr gewinnt | rufen | sie gehen | stehen
spielen | ich gehe | machen | lachen | du stehst
er ruft | er lacht | sie kicken | sie kickt | gewinnen
du spielst | du machst | wir gewinnen | ihr lacht

2 Setze die passenden Verben in den richtigen Personalformen ein. Unterstreiche den Wortstamm.

Immer dienstags gehen (gehen) Jana und Lukas zum Fußball. Sie kicken (kicken) im gleichen Verein. Lukas ist der Torwart der Mannschaft.
Das Tor steht (stehen) heute leider in einer großen Pfütze. Daher ruft (rufen) der Trainer Lukas zu: „Du spielst (spielen) heute in der Abwehr!“
Lukas lacht (lachen): „Das mache (machen) ich gern, denn dann gewinnen (gewinnen) wir heute.“

## Verben nach Wortfeldern ordnen



1. Kreise alle Verben zum Wortfeld **denken** gelb ein.

2. Kreise alle Verben zum Wortfeld **tun/machen** rot ein.

| | | | | |
|---|---|---|---|---|
| fantasieren | arbeiten | ermessen | überlegen | bereiten |
| sinnieren | | | | schaffen |
| erledigen | | | | abwägen |
| grübeln | | | | sich besinnen |
| herstellen | | | | fertigen |
| ahnen | beschäftigen | zubereiten | meinen | handeln |

3. Suche dir aus jedem Wortfeld zwei Verben aus und schreibe mit diesen jeweils einen Satz auf.

offene Lösung

# 2 Nomen mit ä und äu ableiten

12

**1** Setze **ä** und **äu** ein. Schreibe in die Klammern das verwandte Wort.

Am Rande des St ä dtchens ( Stadt ) stehen schöne

H äu ser ( Haus ), in denen Familien mit vielen Kindern

wohnen. Die Kinder spielen in den G ä rten ( Garten )

mit B ä llen ( Ball ) oder fahren mit ihren R ä dern

( Rad ) auf den Gehwegen. Sie sind beim Spielen

aber vorsichtig und achten auf die Z äu ne ( Zaun )

und die neu gepflanzten B äu me ( Baum ).

**2** Fülle die Tabelle aus.

a) Suche das Blitzableiterwort oder die Verkleinerungsform.

| Klein ist: | Groß ist: |
|---|---|
| das Äpfelchen | der Apfel |
| das Schnäuzchen | die Schnauze |
| das Kälbchen | das Kalb |
| das Lämmchen | das Lamm |
| das Täubchen | die Taube |
| das Fäustchen | die Faust |
| offene Lösung | |
| | |

b) Trage selbst weitere Wortpaare ein.

## Wörter mit b, d und g verlängern

14/15

**1** Kreise alle Wörter ein, die am Wortende mit **b**, **d** oder **g** geschrieben werden.
Schreibe als Beweis das Verlängerungswort darunter.

Zwerge

Diebe

Züge

Bilder

Körbe

Wälder

**2** Sophies Postkarte hat Flecken bekommen. Ergänze die fehlenden Buchstaben.
Trage am Rand das Verlängerungswort ein.

Liebe Mia,
viele Grüße aus dem Urlau b . — Urlaube
Hier war es bis gestern sonni g und heiß. — sonnige
Heute war es leider trü b — trübe
und windi g . — windige
Aber es gi b t viel anzusehen, — geben
auch wenn Tobi lieber am Stran d — Strände
lie g t. — liegen
Papa hat uns heute eine alte Bur g — Burgen
gezei g t. — zeigen
Liebe Grüße, deine Sophie

# 2 Einen Brief vorbereiten

12

1 Überlege dir, wem du einen Brief schreiben möchtest.
Bereite schon einmal den Briefumschlag (Kuvert) dafür vor.
Auf die Vorderseite gehören die Anschrift und der Absender.

2 Finde heraus, wo die Briefmarke hingehört.
Male sie an die richtige Stelle.

3 Markiere die Felder mit der Anrede und den Grüßen
eines förmlichen Briefes blau, eines persönlichen Briefes gelb.

Sehr geehrte Damen und Herren | Lieber | Hallo | Verehrte | Hi

Mit freundlichen Grüßen | Tschüss | Hochachtungsvoll | Küsschen

# 2 Eine förmliche E-Mail schreiben



1 In deinem Schulbuch hat sich ein Fehler eingeschlichen.
Ergänze in der Mail an den Verlag die Betreff-Zeile, die Anrede und die förmlichen Grüße sowie die fehlenden Anredepronomen.

An: info@cornelsen.de

CC:

Betreff: Fehler im Arbeitsheft

Sehr geehrte Damen und Herren ,

mein Name ist Anton und ich besuche die dritte Klasse der Wald-Grundschule in Tübingen. Seit dem letzten Schuljahr arbeiten wir mit Einsterns Schwester, was mir gut gefällt.

Heute möchte ich Ihnen mitteilen, dass wir auf Seite 16 des Arbeitsheftes einen Rechtschreibfehler entdeckt haben.

Können Sie diesen bitte im Nachdruck verbessern.

Mit freundlichen Grüßen

Anton Hoffmann

2 Welche Anrede und Grüße verwendest du in Briefen oder Mails an deine Freunde?

offene Lösung

3 Zwei E-Mail-Adressen stimmen nicht. Streiche sie durch.
Trage die richtige Adresse in der E-Mail oben ein.

info@cornelsen.de | ~~info-cornelsen.de~~ | ~~info+cornelsen.de~~

# 2 Einen Lebenslauf lesen und sortieren

12

1. Bringe den Lebenslauf in die richtige Reihenfolge.
Achte auf die Jahreszahlen.

**Ein Leben für die Kunst**

| | | |
|---|---|---|
| 1 | 1840 | Claude Monet wird am 14. November in Paris geboren. |
| 2 | 1845 | Claude zieht mit seinen Eltern nach Le Havre ans Meer. |
| 3 | 1859 | Monet geht nach Paris zurück und studiert Malerei. Dort lernt er andere Maler und seine spätere Frau Camille kennen. |
| 9 | 1916 | Er malt sein größtes Werk „Seerosenteich mit Trauerweiden". |
| 8 | 1883 | Endlich bekommt Claude Monet eine eigene Ausstellung, sodass er nach und nach berühmt wird. Er zieht mit seiner zweiten Frau Alice und den Kindern nach Giverny. Dort malt er viele Bilder im Garten. |
| 6 | 1878 | Sein zweiter Sohn Michel erblickt das Licht der Welt. |
| 10 | 1926 | Claude Monet stirbt am 5. Dezember in Giverny. |
| 4 | 1867 | Sein erster Sohn Jean wird geboren. |
| 7 | 1879 | Seine Frau Camille stirbt. |
| 5 | 1874 | Monet zeichnet das Bild „Impression Sonnenaufgang". Den Leuten gefällt es nicht. Sie bezeichnen seinen Malstil als „Impressionismus". Eine neue Kunstrichtung ist entstanden und das Bild wird später weltberühmt. |

2. Lies den Text noch einmal in der richtigen Reihenfolge.

# Fragen zu einem Lebenslauf beantworten



1 Kreuze die richtige Antwort an, ohne im Lebenslauf nachzuschauen.

Der französische Maler heißt
- ◯ Carl Monet.
- ☒ Claude Monet.
- ◯ Claude Manet.

Seine Geburtsstadt ist
- ☒ Paris.
- ◯ Giverny.
- ◯ Le Havre.

Er malt viele Bilder
- ◯ in der Stadt.
- ☒ in seinem Garten.
- ◯ am Meer.

Seine erste Frau heißt
- ◯ Alice.
- ◯ Michele.
- ☒ Camille.

Sein Sterbedatum ist der
- ◯ 14. November 1840.
- ☒ 5. Dezember 1926.
- ◯ 14. Dezember 1940.

Seine Söhne heißen
- ◯ Michael und Jan.
- ◯ Michel und Camille.
- ☒ Michel und Jean.

2 Finde die Namen der beiden Bilder im Steckbrief.

Impression Sonnenaufgang

Seerosenteich mit Trauerweiden

# 2 Informationen in einem Zeitungsartikel finden



1 Dieser Artikel soll in einer Schülerzeitung erscheinen.
Lies den Text und unterstreiche die Stellen,
die Informationen über den Beruf des Tierpflegers geben.

**Traumberuf Tierpfleger?**

Die Arbeit als Tierpfleger ist schön, aber auch ganz schön anstrengend. Ein Tierpfleger muss kräftig zupacken können und bei Wind und Wetter draußen arbeiten.

Einem Tierpfleger bleibt meist nur wenig Zeit, die Tiere zu streicheln, denn er benötigt viele Stunden, um die Ställe und Gehege zu reinigen und die Tiere zu füttern. Trotzdem ist ein gutes Verhältnis zu den Tieren wichtig, damit sie sich z. B. beim Impfen nicht wehren.

Um Tierpfleger zu werden, muss man eine dreijährige Ausbildung machen.

2 Wähle einen Beruf, über den du gerne etwas erfahren würdest.
Schreibe passende Fragen für ein Interview auf.

Beruf: offene Lösung

# 3 Vergangenheitsformen von Verben zuordnen



1 Immer zwei Verbformen gehören zusammen.
Verbinde sie.

| | | | |
|---|---|---|---|
| ich bügelte | spielen | es kochte | tragen |
| bügeln | schreiben | wir spielten | trinken |
| du gingst | kochen | er trank | wir trugen |
| sie schrieb | gehen | ihr putztet | putzen |

2 Trage die fehlenden Formen in die Tabelle ein.

| Grundform | Gegenwart | Vergangenheit |
|---|---|---|
| spielen | er spielt | er spielte |
| kochen | es kocht | es kochte |
| gehen | er geht | er ging |
| lesen | sie liest | sie las |
| tanzen | du tanzt | du tanztest |
| bügeln | ich bügele | ich bügelte |
| rechnen | ich rechne | ich rechnete |
| trinken | sie trinken | sie tranken |
| putzen | ihr putzt | ihr putztet |
| tragen | wir tragen | wir trugen |
| kommen | ihr kommt | ihr kamt |
| schreiben | sie schreibt | sie schrieb |

# Wörter mit sch, sp und st finden



1 Finde im Buchstabengitter fünf Wörter mit SCH und male sie gelb an.

| | | | | | | | | | | | |
|---|---|---|---|---|---|---|---|---|---|---|---|
| S | K | S | C | H | W | I | E | R | I | G | C |
| P | S | T | O | C | K | B | T | I | X | A | H |
| R | T | E | H | R | C | S | P | Ä | T | V | E |
| I | E | I | B | S | O | S | C | H | L | A | U |
| N | D | N | A | L | G | K | W | U | R | D | L |
| G | W | Ü | N | S | C | H | E | N | O | T | Z |
| E | M | I | X | R | U | V | H | C | N | E | O |
| N | R | S | P | A | N | N | E | N | D | B | R |
| L | O | C | A | G | E | S | C | H | E | N | K |
| S | C | H | A | T | Z | T | S | T | A | R | K |

2 Setze die Wörter aus Aufgabe 1 im Lückentext ein. Bilde die richtige Form.

Du wünschst dir zum Geburtstag eine Schatzsuche?

Zuerst suchst du ein gutes Versteck für die Kiste mit kleinen Geschenken. Dann zeichnest du eine Schatzkarte.

Mach es ruhig etwas schwieriger, denn Schatzsucher sind schlau!

3 Finde im Buchstabengitter sechs Wörter mit SP oder ST.

a) Male sie rot an.

b) Trage sie dort ein.

springen spannend

Stock Stein stark spät

# 3 Den Aufbau einer Geschichte kennenlernen

1 Hier findest du Textteile von zwei Geschichten.
Rahme Einleitungen, Hauptteile und Schlüsse in verschiedenen Farben ein.

1 Er starrte an die Zimmerdecke. Was war das? Bewegte sich da nicht etwas? Ein Schatten glitt über Decke und Wände. Immer wieder veränderte sich seine Form. Bald war es ein Drache, ein Monster, ein Geist. Er kam näher und näher. Lukas zog die Beine zu sich heran. Nur keine hastigen Bewegungen. Er versuchte nach seiner Mutter zu rufen, aber es kam nur ein krächzender Laut aus seinem Mund. „Hilfe!“, …

2 Da fielen sich die drei in die Arme. Papa putzte sich die Nase und Mama wischte sich die blaue Farbe aus dem Gesicht. Egal, was nun kam, sie würden zusammenhalten. Immer!

3 Als Julian morgens zur Schule aufbrach, war alles wie immer. Mama saß noch mit einer Tasse Kaffee und der Zeitung am Tisch, Papa packte seine Brotdose in den Rucksack und blickte auf die Uhr.

4 Es war an einem Mittwoch. Lukas lag im Bett und langweilte sich. Krank sein schön und gut, aber in den Ferien krank sein war blöd!

2 Schreibe auf, welche Textteile zusammengehören.

Textteil 4 und Textteil 1. Es fehlt folgender Teil: Schluss.

Textteil 3 und Textteil 2. Es fehlt folgender Teil: Hauptteil.

3 Wähle eine Geschichte aus. Gib der Geschichte eine Überschrift und sammle Stichpunkte für den fehlenden Teil.

offene Lösung

## Unterschiedliche Satzanfänge nutzen



1 Lies die Textbausteine durch. Finde die richtige Reihenfolge. Unterstreiche die Satzanfänge.

2 Ich freute mich mit ihr im Bett Gruselgeschichten zu lesen.
Ich schlief bald ein.

offene Lösung

1 Ich durfte letztes Wochenende bei meiner Freundin übernachten.

4 Ich hörte lautes Lachen.

Ich schaute und sah meine Freundin im hell erleuchteten Zimmer mit einem Brot in der Hand stehen. Ich erfuhr, dass sie in der Küche den Lichtschalter nicht gefunden hatte.

3 Ich wurde von einem Geräusch geweckt.

Ich hörte Klappern und Schritte und bekam schreckliche Angst.

Ich zog mir die Bettdecke über den Kopf.

Diese Wörter können helfen: plötzlich, dann, darauf, am Ende, danach …

2 Schreibe die Geschichte abwechslungsreich. Notiere deine Vorschläge auf den Schreiblinien.

# 3 Einen Text überarbeiten

23

1 Überarbeite den Text als **Verständnis-**, **Aufbau-** und **Ausdrucksexperte**.

Unterstreiche die Stellen, die Leser nicht verstehen können, rot.

Überprüfe die Reihenfolge von Überschrift, Einleitung, Hauptteil und Schluss.

Unterstreiche die Verben in falschen Zeitformen blau, Wortwiederholungen grün.

1 **Im Zirkus**

3 Zwei Jongleure jonglierten mit Keulen und brennenden Fackeln. Und eine Schlangenfrau verbog sich so, als hätte sie keine Knochen. Und der Clown machte Witze, so dass wir uns die Bäuche hielten vor Lachen. Und ein Fakir spukte echtes Feuer. Zum Schluss der Darbietung kommen alle Artisten in die Manege und jeder führte noch einmal etwas vor. Die Zuschauer klatschten begeistert, doch der Zirkus war noch nicht aus. Die Zuschauer wurden in die Manege gebeten. Die Zuschauer durften mit Hilfe der Artisten ein Kunststück lernen. Wir Kinder bauten eine menschliche Pyramide. Die Artisten klatschten Beifall.

2 Letzte Woche gastierte ein Zirkus bei uns in der Stadt. Benedict, Luca und ich wollen unbedingt hingehen. Es ist ein besonderer Zirkus. Es gab keine Tiere, sondern nur Artisten und eine Überraschung am Ende der Vorstellung.

4 Wir waren mächtig stolz und zu erzählen daheim hatten jede Menge von diesem besonderem Zirkusbesuch zu erzählen.

# 3 Wörter eines Textes erklären

24

**Schwimmtag**

Sylvia und ihre Freundinnen tummeln sich im Wasser, spritzen sich nass und schwimmen um die Wette. Anschließend liegen sie auf der großen Liegewiese und sonnen sich.

Plötzlich stutzt Sylvia. Ein Mann führt einen Jungen mit beiden Händen. Er geht sehr ungeschickt. Würde ihn der Mann nicht festhalten, müsste er bestimmt fallen. Der Mann setzt den Jungen vorsichtig auf den Rasen. Dann breitet er eine Decke aus und hebt den Jungen behutsam drauf. Der Junge hilft, so gut er kann.

Er hat eine Behinderung und kann sich nicht alleine ausziehen. „Ich hole noch die Tasche!", sagt der Mann und geht mit schnellen Schritten davon.

**1** Hier sind Wörter aus dem Text näher erklärt.
Kreuze die passende Erklärung an und setze sie ein.

a) Zeile 4: „stutzt" heißt auch:

○ abschneiden ○ hinfallen ☒ aufmerksam werden

Plötzlich wird Sylvia aufmerksam.

b) Zeile 1: „tummeln sich" heißt auch:

○ stolpern ☒ toben ○ ausruhen

Sylvia und ihre Freundinnen toben im Wasser, …

c) Zeile 5: „ungeschickt" heißt auch:

○ gemütlich ○ schnell ☒ schwerfällig

Er geht sehr schwerfällig.

d) Zeile 7: „behutsam" heißt auch:

○ schwungvoll ☒ vorsichtig ○ leicht

Dann breitet er eine Decke aus und hebt den Jungen vorsichtig drauf.

„Hallo!“, sagt der Junge und lacht Sylvia an. „Klasse Wetter!“ Da steht Sylvia auf und geht zu ihm. „Warst du schon im Wasser?“, fragt der Junge. Sylvia nickt. „Es ist herrlich.“ Sie schaut den Jungen an, schluckt, sagt aber dann doch: „Schade, dass du nicht schwimmen kannst!“ Der Junge lacht. „Warte, bis mein Vater wiederkommt!“, meint er. Als Sylvia zu ihren Freundinnen zurückgeht, flüstert sie Doris zu: „So einer wohnt auch bei uns in der Nachbarschaft. Das ist ein **Spastiker**.“

**2** Kreuze an, welche Erklärung für das fett gedruckte Wort passt.

- ☐ Er kann nicht gut sehen und ist fast blind. Darum wird er geführt.
- ☒ Er kann nicht gut laufen, da sich seine Arme und Beine verkrampfen.
- ☐ Er kann sich nicht gut bewegen, da er eine Verletzung am Bein hat.

Inzwischen ist der Mann zurückgekommen. Er packt den Jungen mit beiden Händen und führt ihn zum Schwimmbecken. Die Mädchen laufen hinterher. „Passen Sie auf, hier ist doch das Becken für Schwimmer!“, sagt Sylvia **vorwurfsvoll** zu dem Mann. Der Mann lacht. Er hebt den Jungen hoch und stößt ihn mit Schwung ins Wasser. Die Mädchen schreien auf. Der Junge **versinkt**. Dann kommt er wieder hoch. Er **prustet**. Und dann schwimmt er. „Mensch, der kann ja schwimmen!“, sagt Sylvia. „Was dachtest du denn?“, lacht der Mann und springt auch ins Wasser.

*Rolf Krenzer*

**3** Schreibe die Bedeutung der Wörter aus einem Wörterbuch heraus. Notiere auch die Seitenzahl.

Seite ______ : vorwurfsvoll (der Vorwurf): ________________________________

Seite ______ : versinken: ________________________________

Seite ______ : prusten: ________________________________

# 4 Adjektive bilden



1 Finde das passende Adjektiv mit **-ig** oder **-lich** und schreibe es auf.

| die Ruhe | der Freund | der Spaß | das Herz |
|---|---|---|---|
| ruhig | freundlich | spaßig | herzlich / herzig |
| **das Eis** | **die Feier** | **die Sonne** | **der Durst** |
| eisig | feierlich | sonnig | durstig |

2 Bilde aus den Nomen Adjektive mit **-ig** oder **-lich** und setze sie in der richtigen Form ein.

Max steht vor dem Kirschbaum und ist sehr hungrig (der Hunger).

Die saftigen (der Saft) Kirschen auf dem Baum lachen ihn an.

Max ist ein sportlicher (der Sport) Junge und klettert ganz weit hoch.

Er isst sich an den Kirschen satt und ist glücklich (das Glück).

Doch plötzlich hört er ein Knacken und er wird etwas ängstlich (die Angst).

Wird es jetzt gefährlich (die Gefahr)?

Er ist ganz vorsichtig (die Vorsicht) und schaut nach unten. Was ist das?

Seine Freundin Emma ist neugierig (die Neugier) und klettert zu ihm hoch.

3 Finde die passenden Nomen zu den Adjektiven. Schreibe sie mit Begleiter auf.

| natürlich | witzig | fleißig | lieblich |
|---|---|---|---|
| die Natur | der Witz | der Fleiß | die Liebe |

# 4 Mit Adjektiven vergleichen

1 Fülle die Lücken in der Tabelle mit den passenden Formen.

50 $\frac{km}{h}$

70 $\frac{km}{h}$

120 $\frac{km}{h}$

| Grundstufe | 1. Steigerungsstufe | 2. Steigerungsstufe |
|---|---|---|
| schnell | schneller | am schnellsten |
| jung | jünger | am jüngsten |
| reich | reicher | am reichsten |
| kurz | kürzer | am kürzesten |
| warm | wärmer | am wärmsten |
| tief | tiefer | am tiefsten |
| weit | weiter | am weitesten |
| laut | lauter | am lautesten |
| hoch | höher | am höchsten |
| kalt | kälter | am kältesten |
| gut | besser | am besten |

2 Suche dir ein Adjektiv aus und schreibe in jeder Vergleichsstufe einen Satz.

offene Lösung

# 4 Adjektive zusammensetzen

38

1 Verbinde die passenden Nomen und Adjektive in den passenden Farben.

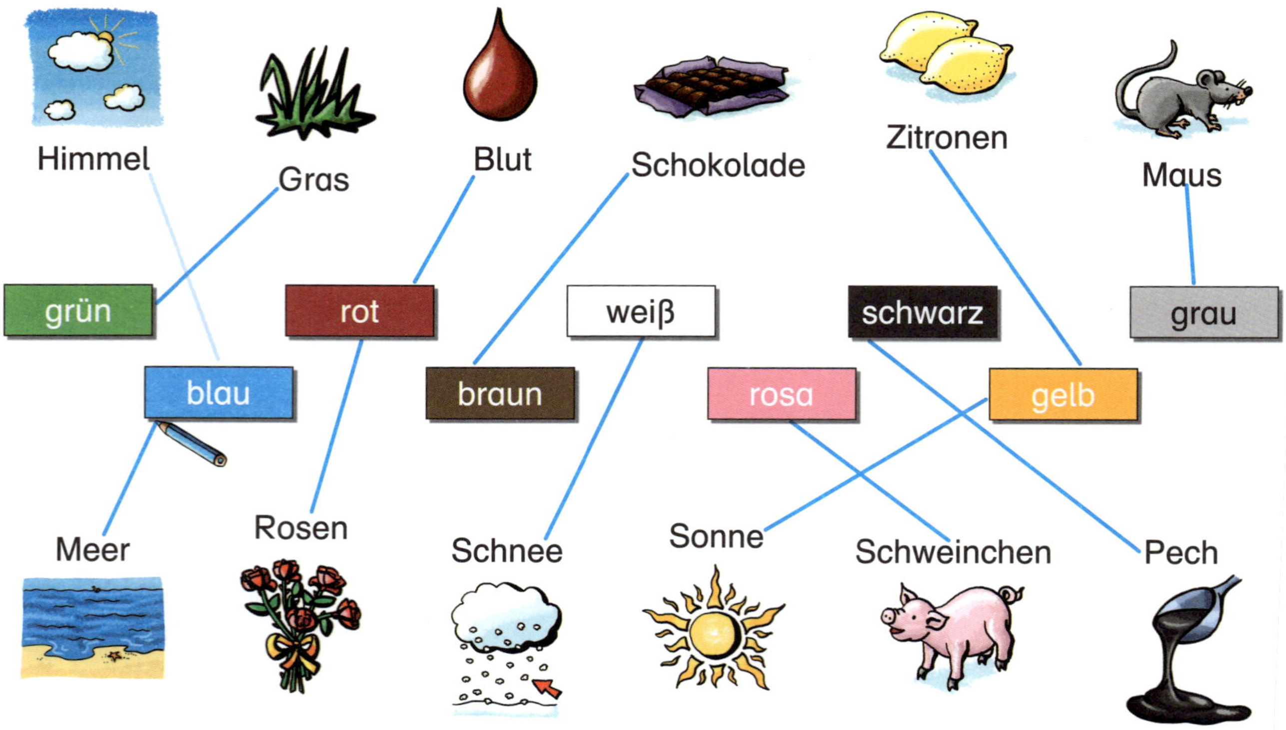


2 Schreibe die Farbadjektiven aus Aufgabe 1 auf, mit denen du mehrere zusammengesetzte Adjektive bilden kannst.

blau, rot, gelb

3 Bilde mit diesen zusammengesetzten Adjektiven eigene Sätze.

offene Lösung

# Kurzes i und langes ie unterscheiden

**1** Male alle Felder mit Wörtern an, in denen das **i** lang gesprochen wird.

**2** Prüfe, ob der Selbstlaut kurz oder lang gesprochen wird. Setze dann **i** oder **ie** ein.

Liebe Lena

Heute will ich dir nur einen kurzen Brief schicken.

Damit du siehst, dass ich inzwischen eine Brille

habe, schicke ich ein Bild von mir mit.

Ich finde sie ziemlich schick. Und was meinst du?

Viele liebe Grüße von Anna

# Kurze Selbstlaute: Wörter mit doppelten Mitlauten

**1** Im Puzzleteppich haben sich elf Wörter versteckt.

a) Male zusammengehörende Silben in der gleichen Farbe aus.

| | | | | | | | | |
|---|---|---|---|---|---|---|---|---|
| mer | jog | ger | Schram | Sinn | don | hop | Bal | rollt |
| dop | lon | Klam | rennt | löf | Tref | nett | Pfan | fer |
| Bag | pelt | nern | gen | Biss | feln | ne | me | pelt |

b) Setze die Silben zu Wörtern zusammen.
Schreibe jedes Wort mit Trennungsstrich und Silbenbögen auf.

Bal-lon, Klam-mer, Tref-fer, Pfan-ne,
dop-pelt, hop-pelt, don-nern, jog-gen,
löf-feln, Bag-ger, Schram-me

**2** Löse das Rätsel und mache durch Verlängern den doppelten Mitlaut hörbar.

Gegenstand zur Haarpflege: Kamm  Kämme

Fällt im Herbst vom Ast: Blatt — Blätter

Kind eines Schafes: Lamm — Lämmer

Gegenteil von hungrig: satt — sattes (Baby)

Nicht gerade: krumm — krumme (Straße)

Straße nach einem Regen: nass — nässer

# 4 Zu Beschreibungen zeichnen und schreiben

29

**1** Zeichne die beschriebene Person.

Das Gesicht des Mädchens ist rund.
Sie hat lange, glatte, braune Haare.
Der Pony reicht bis zu den geschwungenen Augenbrauen hinunter.
Ihre großen, blauen Augen schauen freundlich.
An den abstehenden Ohren trägt sie Schmetterlingsohrringe.
Ihre kleine, spitze Nase ist übersät mit vielen Sommersprossen.
Ihre vollen Lippen zeigen weiße und regelmäßige Zähne.

**2** Notiere viele treffende Merkmale dieser Person in Stichworten.
Verwende viele Adjektive.

länglicher Kopf,
braune, lockige Haare,
breite Augenbrauen,
große, grüne Augen,
lange, spitze Nase,
breiter Mund,
geschwungene Lippen,
Narbe auf der linken
Wange

# Antworten in einem Text unterstreichen



## Gute Idee

Es ist Winter. Die Wikinger bleiben daheim und wärmen sich am Feuer. a) Nur Pelle schleicht hinaus. Er ruft leise: „Weißnase!" Ein kleiner Wolf kommt gelaufen. Pelle füttert und streichelt ihn. Der kleine Wolf hat kein Rudel mehr. b) Deshalb möchte Pelle ihn für immer behalten. Aber Wikinger mögen keine Wölfe. Wenn sie Weißnase entdecken, ist der kleine Wolf verloren.

Plötzlich dröhnt eine Stimme: „Wolfsalarm!" Es ist der starke Erik. c) Alle Wikinger laufen herbei und schwingen ihre Äxte. d) Der kleine Wolf flieht in den Wald. Die Wikinger stürmen hinterher. Besorgt läuft Pelle ihnen nach.

Auf einmal bricht ein Schneesturm los. e) Schnee! Überall Schnee! Die Wikinger verirren sich. Müssen sie jetzt draußen im Wald jämmerlich erfrieren? Da ruft Pelle laut: „Weißnase!" Schon ist der kleine Wolf da. Er findet auch im Schneesturm den richtigen Weg. So führt er alle sicher nach Hause. f) Erik sagt dankbar: „Weißnase hat uns gerettet. Wollen wir den kleinen Wolf nicht für immer behalten?"

*Frauke Nahrgang*

1. Unterstreiche mit der richtigen Farbe den Antwortsatz im Text.

a) **Was** machen die Wikinger im Winter?

b) **Warum** ist der kleine Wolf Weißnase allein?

c) **Wer** entdeckt Weißnase doch noch?

d) **Wie** vertreiben die Wikinger den kleinen Wolf?

e) **Welches** Wetter bricht über die Wikinger im Wald herein?

f) **Weshalb** ist Weißnase ein Held?

2. Weißnase hat keine Wolfsfamilie mehr. Schreibe zwei mögliche Gründe auf.

offene Lösung

# 5 Satzarten erkennen

42

**1** Setze die passenden Satzzeichen ein.

Die Schule befindet sich in einem Schlossgarten .

Wusstest du, dass es früher hier ein Schloss gab ?

Stell dir vor, in der Ruine soll es sogar noch ein Verlies geben !

Ob da wohl Leute eingesperrt waren ?

Zum Glück sind diese Zeiten schon lange vorbei .

**2** Schreibe die passenden Satzzeichen in die Sprechblasen.

# 5 Kommas bei Aufzählungen setzen

1 Leonie und ihre Familie ziehen um. Nun müssen alle Dinge aus dem Haus in den Möbelwagen gepackt werden.

Leonie und ihre Familie packen einen Schrank,
einen Teppich, einen Stuhl, ein Bett,
eine Palme, ein Sofa, einen Sessel, ein Klavier,
einen Spiegel, eine Lampe, ein Bild
und einen Schreibtisch in den Laster.

Dann fahren sie los.

2 Setze die Kommas.

Leonie und ihre Eltern sind in der neuen Wohnung angekommen. Nach der Fahrt haben sie Hunger und packen Getränke, Brote, Obst und Gemüse aus. Auf dem Fußboden machen sie ein Picknick. Danach überlegen die Eltern, wohin sie die Teller, Tassen, Flaschen und Brotboxen stellen sollen. Leonie schlägt vor, alles in einer Kiste auf einer Fensterbank oder in dem Waschbecken zu sammeln.

# 5 Im Wörterbuch nachschlagen

**1** Ergänze den bestimmten Artikel. Schlage dazu die Wörter im Wörterbuch nach.

| | | |
|---|---|---|
| der Kosmos | der Radiergummi | der / das Silvester |
| das Vitamin | der / das Silo | der / das Jogurt |

**2** Suche die abgebildeten Wörter und die Mehrzahlform im Wörterbuch und trage sie ein.

 der Traktor — die Traktoren 

 der Globus — die Globen / Globusse 

 der Kaktus — die Kakteen / Kaktusse 

 die Pizza — die Pizzen / Pizzas 

**3** Diese Wörter kannst du auf zwei Arten schreiben.
Du findest im Wörterbuch eine weitere Schreibweise. Trage sie ein.

 Jogurt oder Joghurt

 Ketschup oder Ketchup

**4** Kreuze die richtige Schreibweise an. Benutze das Wörterbuch als Hilfe.

| | | |
|---|---|---|
| ○ Restorant | ☒ Restaurant | ○ Ristaurant |
| ☒ Pyramide | ○ Püramide | ○ Pyramiede |
| ○ Graipfruit | ☒ Grapefruit | ○ Greipfrut |
| ○ Dedektiv | ○ Dedektif | ☒ Detektiv |
| ○ Karusell | ○ Karrusell | ☒ Karussell |

# 5 Einen Text in die richtige Reihenfolge bringen

32

① Lies die Textabschnitte. Nummeriere sie in der richtigen Reihenfolge.

**Tante Jutta bekommt eine gelbe Karte**

3 Nach der Halbzeit rannte Julian erneut an der Abwehr vorbei und schoss auf das Tor. Doch der Ball wurde vom Torwart an den Innenpfosten gelenkt und anschließend festgehalten. War der Ball nun drinnen oder nicht?

1 Letzten Samstag begleitete Tante Jutta ihren Neffen Julian zum Fußballspiel.

4 Der Schiedsrichter ließ weiterspielen, also kein Tor. Tante Jutta konnte es nicht fassen und rannte auf das Spielfeld. Sie schrie den Schiedsrichter wütend an: „Das war ein Tor!"

6 Zuhause angekommen schimpfte Tante Jutta immer noch vor sich hin. Julian beruhigte sie: „Ist nicht so schlimm, wir haben doch trotzdem gewonnen."

5 Der Schiedsrichter ließ sich nicht von einer Zuschauerin beschimpfen und zeigte ihr die gelbe Karte.

2 Julian spielt schon seit zwei Jahren Fußball und ist sehr gut. Nach einer viertel Stunde hatte er schon ein Tor geschossen.

# Einen Text überarbeiten

**1** Überarbeite den Text als **Ausdrucksexperte**.

## Ein nasses Vergnügen

In den Ferien waren meine Eltern mit meiner Schwester Anna und mir

war
in einem Vergnügungspark. Dort ist es sehr schön.

Wir erforschten
Anna und ich gingen zum Piratenschiff. Anna und ich erforschen

das Schiff. Dann spielten wir darauf Verstecken.

suchte
Dann sucht Anna zuerst mich. Sie rief: „Wo bist du?“, und suchte überall.

sah
Dann sieht sie mich schließlich vom Krähennest. Dann sagte sie:

stieg
„Ich hab dich!“, und steigt zum Bug des Schiffes.

fiel
Ich wollte ihr entkommen. Dann falle ich dabei ins Wasser. Ich schrie:

rettete zog
„Hilfe!“ Dann rettet mich mein Vater. Er zieht mich an den Armen

nahm
wieder auf den Kahn, nimmt mich in den Arm und beruhigte mich.

# 5 Piktogramme lesen und ordnen

**1**

a) Beschrifte die Piktogramme.

Museum | Burg | Bushaltestelle | Autofähre | Theater

Wandern | Angeln | Nebel | Regen

● 
Bushaltestelle

3 
Museum

4 
Angeln

3 
Theater

3 
Burg

1 
Nebel

1 
Regen

2 
Autofähre

4 
Wandern

b) Ordne die Piktogramme oben den Oberbegriffen zu.
Male die Punkte in der richtigen Farbe aus.

● Wetter 1 ● Straßenverkehr 2 ● Sehenswürdigkeiten 3 ● Freizeit 4

**2** Zeichne ein anderes dir bekanntes Piktogramm aus dem „Straßenverkehr“ und dem Bereich „Wetter“.

offene Lösung

# 5 Ein Säulendiagramm lesen und zeichnen

36

**1** Die Klasse 3a stimmt darüber ab, welchen Stand sie am Schulfest anbieten wird. Jedes Kind hat nur eine Stimme. Beantworte die Fragen zum Schaubild.

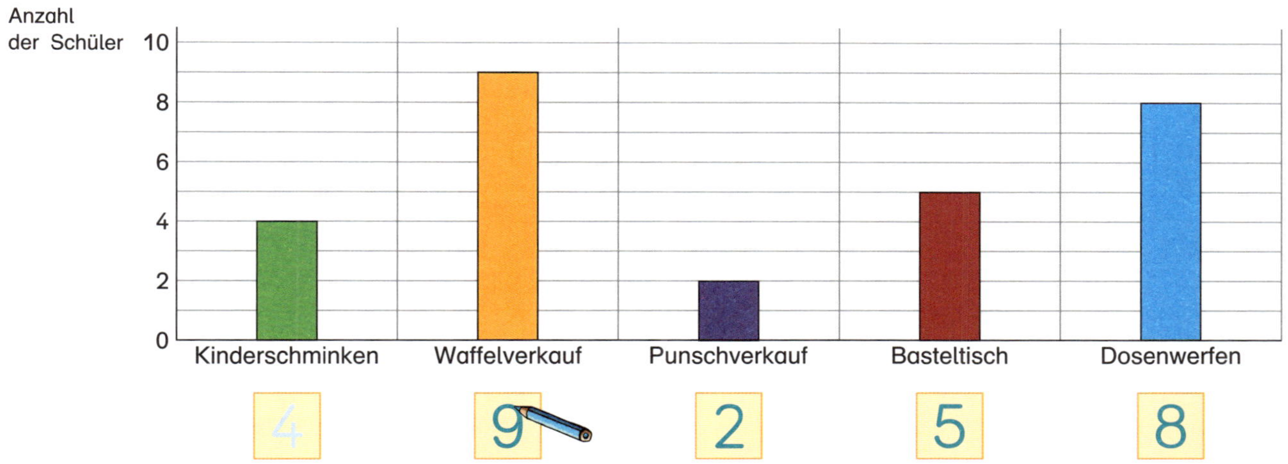


a) Wie viele Kinder möchten welchen Stand anbieten?
Trage die Schülerzahlen in das Kästchen unter der Säule ein.

b) Wie viele Schüler sind in der Klasse 3a? 28

c) Für welchen Stand stimmen die meisten Kinder? Waffelverkauf

d) Welcher Stand erreicht den zweiten Platz? Dosenwerfen

**2** Die Schüler wurden zum Standdienst eingeteilt.
Vervollständige das Schaubild.

| Uhrzeit | 13.00–14.00 **Aufbau** | 14.00–15.00 **Verkauf 1** | 15.00–16.00 **Verkauf 2** | 16.00–17.00 **Verkauf 3** | 17.00–18.00 **Abbau** |
|---|---|---|---|---|---|
| Schüler-anzahl | 7 | 4 | 6 | 5 | 6 |

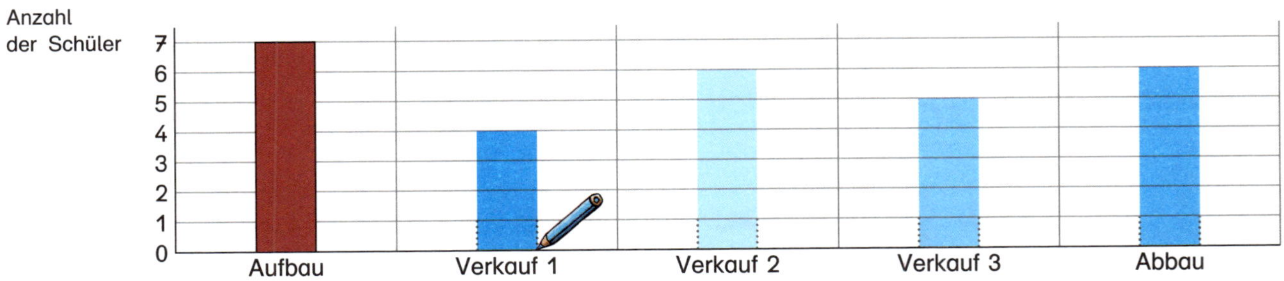

# 5 Sich auf einem Stadtplan orientieren

37

1 Zeichne Leas Weg rot in den Stadtplan ein.

Ich stehe am Bahnhof
und laufe am Wochenmarkt vorbei direkt
zur Stadtinformation. Danach folge ich der „Oberen Gasse“
bis zur großen Kirche und biege links in die „Hofstraße“ und gleich wieder
links in Richtung „Poststraße“ ab. Nun leihe ich mir ein Buch in der Bücherei aus
und hole in der Post ein paar Briefmarken. An der Haltestelle gegenüber
warte ich auf dem Bus. Er bringt mich auf dem kürzesten Weg
ins Stadtmuseum.

2 Zeichne auch Pauls Weg in Blau ein.

# 6 Satzzeichen bei der wörtlichen Rede einsetzen

47

**1** Unterstreiche im Text die wörtliche Rede blau und die Redebegleitsätze rot.

Ein Hase und eine Schildkröte liefen einen kleinen Weg gemeinsam.

Der Hase spottete: „Bist du langsam! Du brauchst ja eine Ewigkeit.“

Die Schildkröte erwiderte: „Lach nicht über mich!

Ich kann sogar schneller sein als du.“

Der Hase sagte: „Das kannst du nicht.“

Die Schildkröte sagte: „Oh doch!“

Der Hase bot an: „Gut, dann lass uns um die Wette laufen.

Aber ich werde natürlich gewinnen.“

**2** Setze die passenden Satzzeichen ein.

Schildkröte und Hase baten den Fuchs das Startzeichen zu geben.

Er rief : „ Achtung – fertig – los! “

Der Hase rannte schnell los und sagte zur Schildkröte :

„ Tschüss, bis später! “

Sicher über seinen Sieg machte der Hase eine Pause und erklärte einer Ameise am Weg : „ Ich gewinne eh, dann kann ich auch ein wenig ausruhen. “ Kurz darauf war er fest eingeschlafen.

Die Schildkröte dagegen sprach zu sich selbst :

„ Immer weitergehen, nicht stehen bleiben. Du schaffst das. “

Als der Hase erwachte und die Situation erkannte, rannte er so schnell los, wie er konnte. Doch da war die Schildkröte schon im Ziel und sagte : „ Gewonnen! “

# 6 Wörter mit ß

**1** Die Buchstaben der folgenden Wörter sind durcheinandergeraten. Verbessere! Die Bilder helfen dir dabei.

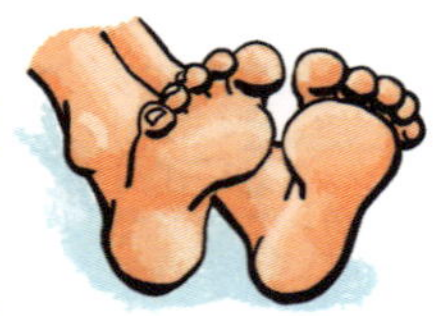

| | | | |
|---|---|---|---|
| kaßienneG | Gießkanne | rauStß | Strauß |
| üFße | Füße | igßeidr | dreißig |
| ßSoe | Soße | enschßeim | schmeißen |
| ßScheiw | Schweiß | eßeirn | reißen |

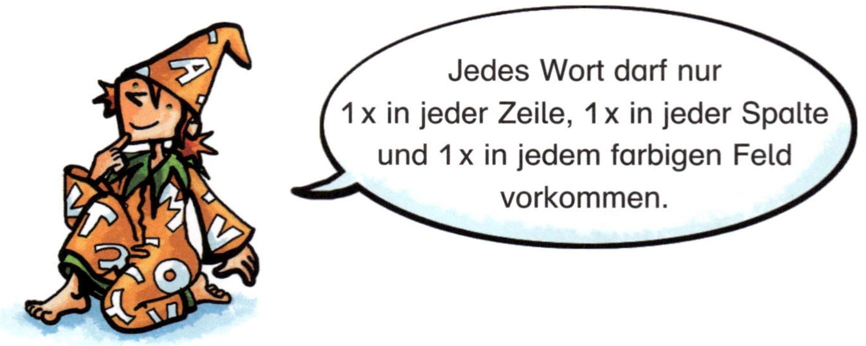


**2** Setze in das Sudoku ein.

weiße | Geißen | beißen | Füße

| | | | |
|---|---|---|---|
| beißen | Füße | weiße | Geißen |
| weiße | Geißen | beißen | Füße |
| Füße | beißen | Geißen | weiße |
| Geißen | weiße | Füße | beißen |

## 6 Eine Reizwortgeschichte weiterschreiben

41

1 Lies die Einleitung.
Markiere die richtigen Reizwörter farbig.

Der Vollmond schien
über der geheimnisvollen Burg.
Ritter Rudolf hatte sein Pferd gesattelt,
um noch in der Nacht aufzubrechen.
Seine Freunde hatten sich schon im Hof versammelt.

Recke Rudolf – Nacht – Pferd

Ritter Rudolf – Vollmond – Hof

Freunde – uralte Burg – Ritter Richard

2 Wähle eine weitere Reizwort-Kette aus.
Schreibe den Hauptteil und den Schluss der Geschichte mit diesen Wörtern.

Gespenst – Wassergraben – Mitternacht

Prinzessin – Taschentuch – Eule

Feuer – schwarzer Ritter – Zugbrücke

offene Lösung

# 6 Einen Text vortragen üben

40

Der Zauberer Kotzmotz ist unglaublich wütend und tritt mit zornglut-funkelnden Augen laut schimpfend vor seine Tür.

1 Unterstreiche die wörtliche Rede so: die wütenden Worte des Zauberers rot, die freundlichen Worte des Hasen blau. Lies dann nur die wörtliche Rede laut vor.

„Entschuldige!“, / sagte der kleine Hase, / „**könntest** du wohl ein kleines bisschen zur **Seite** treten, / du stehst nämlich **direkt** vor der **Sonne**, / und dein Schatten ist **groß** und **kalt**.“ //
Der Zauberer traute seinen **Augen** nicht. / Da stand ein **Winzling** von einem zerzausten Hasen **vor seinem Haus** / und wich nicht **eine** Kieselsteinlänge vor ihm zurück. / Und dieser **Winzling** von einem zerzausten Hasen, / dessen Ohren es noch **nicht** einmal schafften, auf gleicher **Höhe** zu stehen, / wollte, dass **ER**, / **der Zauberer Kotzmotz**, / aus der Sonne ging? //
Und er reckte sich **noch** höher, / sodass der kleine Hase **noch** kleiner und **noch** tiefer unter ihm stand / und **schrie**: // **„DU-HÄSSLICHSTER-WICHT-VON-EINEM-HASEN-DEN-DIE-WELT-JE-GESEHEN-HAT-VERSCHWINDE-SONST-MACH-ICH-SCHNECKENSCHISS-AUS-DIR!“** //
„**Oooh**!“, / staunte der zerzauste Hase, / der **nichts**, / aber auch nicht eine **einzige** Silbe von dem langen Wort verstanden hatte. //
„**Oooh**!“, / sagte er, / „dieses lange Wort habe ich noch **nie** gehört, / aber ich muss dir sagen, / es klingt **gar** nicht gut. // Willst du mal ein ganz, / ganz langes hören, / das viel schöner klingt?“

2 Lies nun den ganzen Text vor. Betone die hervorgehobenen Wörter deutlich, aber nicht übertrieben. Mache kleine Pausen bei / und deutliche Pausen bei // .

# 6 Einen Text zum Vortragen vorbereiten

40

**3** Bereite den weiteren Text selbst zum Vorlesen vor.

a) Unterstreiche die wörtliche Rede in der passenden Farbe.

b) Markiere die Wörter, die du betonen willst.

c) Setze eigene Pausenzeichen und übe ein paar Mal.

Er reckte sich hoch auf, / knickte sein Knickeohr kerzengerade nach oben, / schaute dem Zauberer direkt in seine funkelnden Augen, sodass der auf der Stelle zu blinzeln begann, / und sagte langsam und deutlich: //
„SEEROSEN-INNENLICHT-GEFLIRR-IM-SONNEN-MORGEN-TAU-GEGLITZER!“ //
Der Zauberer Kotzmotz traute seinen Ohren nicht. /
Dieser Mickerling von einem zerzausten Hasen gab ihm Widerworte, / genau genommen das längste Widerwort, / das er je in seinem Leben gehört hatte / und das dazu noch so seltsam klang, / dass er davon eine Gänsehaut bekam und einen Schauer im Herzen. //
Und noch nie, / noch niemals nie in seinem langen Zaubererleben, / und das war SEHR lang, / war eine solche Ungeheuerlichkeit vorgekommen.

*Brigitte Werner*

# 7 Subjekte erfragen

53

1 Ordne den Fragen die passenden Antwortsätze zu.

| | |
|---|---|
| **Wer** wartet vor dem Schulhaus? | Die Uhr ist stehen geblieben. |
| **Wer** hält ein Jo-Jo in der Hand? | Der Hausmeister repariert die Uhr. |
| **Was** ist stehen geblieben? | Tim und Lisa warten vor dem Schulhaus. |
| **Wer** repariert die Uhr? | Tim hält ein Jo-Jo in der Hand. |

2 Unterstreiche in den Antwortsätzen von Aufgabe 1 das Subjekt.

3 Setze die Satzglieder auf verschiedene Arten zu einem Satz zusammen. Unterstreiche in jedem Satz das Subjekt.

Tom | kommt | heute | zu spät

Tom kommt zu spät heute.

Heute kommt Tom zu spät.

Kommt Tom heute zu spät?

## 7 Subjekt und Prädikat erkennen

55

1 Unterstreiche Subjekt und Prädikat in verschiedenen Farben.

| Die Schule | hatte | eine Sportprojektwoche. | |
|---|---|---|---|
| Jeden Tag | wählten | die Schüler | eine Sportart. |
| Begeistert | waren | alle | bei der Sache. |
| Zum Abschluss | feierte | die ganze Schule | ein Sportfest. |

2 Stelle jeden Satz so um, dass das Subjekt am Satzanfang steht.

Die Schule hatte eine Sportprojektwoche.
Die Schüler wählten jeden Tag eine Sportart.
Alle waren begeistert bei der Sache.
Die ganze Schule feierte zum Abschluss
ein Sportfest.

3 Stelle jeden Satz so um, dass das Prädikat am Satzanfang steht.
Was fällt dir auf?

Hatte die Schule eine Sportprojektwoche?
Wählten die Schüler jeden Tag eine Sportart?
Waren alle begeistert bei der Sache?
Feierte die ganze Schule zum Abschluss
ein Sportfest?

Aus jedem Satz wird ein Fragesatz !

# 7 Nomen und Wörter am Satzanfang großschreiben

46/47

**1** Finde das Satzende und setze die Punkte ein.
Markiere den Buchstaben am Satzanfang.

gestern ging alles schief. zuerst habe ich verschlafen und hatte keine zeit für das frühstück. dann fuhr mir der bus vor der nase weg. in der schule merkte ich, dass ich mein sportzeug vergessen hatte. deshalb bekam ich ärger mit dem turnlehrer und durfte nicht mitmachen. dabei ist sport mein lieblingsfach.

**2** Unterstreiche alle Nomen und schreibe den Text richtig auf. Sprich in Silben.

Gestern ging alles schief. Zuerst habe ich
verschlafen und hatte keine Zeit für das
Frühstück. Dann fuhr mir der Bus vor
der Nase weg. In der Schule merkte ich,
dass ich mein Sportzeug vergessen hatte.
Deshalb bekam ich Ärger mit dem
Turnlehrer und durfte nicht mitmachen.
Dabei ist Sport mein Lieblingsfach.

# 7 Eine Bastelanleitung schreiben

1 Sieh dir die Bilder an. Schreibe eine Bastelanleitung. Die Wörter im Kasten helfen dir.

in der Mitte falten * knicken * aufmalen * einschneiden * aufklappen * nach vorne drücken * ausschneiden * aufkleben * Zuerst … * Als Nächstes … * Danach … * Dann … * Zuletzt …

offene Lösung

# Eine Zutatenliste schreiben

1 Hier sind eine Spielanleitung und ein Kochrezept durcheinandergeraten. Markiere beide Texte in verschiedenen Farben.

**Gedächtnisspiel bei Regenwetter** / **Mozzarellastäbchen**

Ein Spieler beginnt und sagt den Satz: Du brauchst folgende Zutaten: „Es regnet arme Ameisenbären." 1 Mozzarellakugel, 4 Scheiben rohen Schinken, 1 Ei, Paniermehl, Pfanne mit Öl. Der Nächste wiederholt: „Es regnet arme Ameisenbären", und fügt vielleicht hinzu: „und bunte Blumen." Man schneidet den Mozzarella in acht gleich große Scheiben. Dann umwickelt man den Mozzarella jeweils mit einer halben Scheibe Schinken. Als Nächstes verquirlt man ein Ei und wälzt die umwickelte Scheibe darin. Der Dritte wiederholt die beiden ersten Sätze und fügt einen dritten an, diesmal mit dem Buchstaben C, z. B.: „… und cremeweiße Clowns." Schließlich wendet man die Mozzarellascheiben in Paniermehl. Das Spiel ist zu Ende, wenn ihr bei Z angekommen seid. Am Ende brät man die Scheiben in der Pfanne auf beiden Seiten golden an.

2 Schreibe die Zutaten für die Zubereitung des Rezeptes richtig auf.

Zutaten:

1 Mozzarellakugel,
4 Scheiben rohen Schinken,
1 Ei,
Paniermehl,
Pfanne mit Öl

# 7 Eine Lesetagebuchseite gestalten

56

1 Lies den Text und gestalte dazu,
indem du – die Höhle malst
oder – aufschreibst, was eine Putzfrau bei diesem Anblick sagen würde
oder – die Beute von Grapsch malst oder aufschreibst.

**Hier lebt sich's gut – obwohl es stinkt**

Grapsch hauste in einer großen Höhle. (Sie) lag gut versteckt in einem Dickicht zwischen Sümpfen. Hier war es ganz still. Nur die Wassertropfen, die von der Felsendecke herabfielen, machten plopp-plopp. Die Höhle war dunkel und feucht. Da war es kein Wunder, dass Grapsch immer wieder Taschenlampen raubte! Taschenlampen, Kerzen und Streichhölzer ließ er bei jeder Gelegenheit mitgehen. Überall hingen schlafende Fledermäuse, die nur nachts erwachten und dann lautlos durch die Höhle segelten. Manchmal verhedderten sie sich in Grapschs Bart. Aber er schlug sie nicht tot. Er war ja, wie schon gesagt, kein herzloser Mann.

Es stank fürchterlich in seiner Höhle. Überall war Fledermauskot verkleckert, und in den Ecken lagen abgenagte Knochen herum. Mitten im Raum stand ein großer Eichenholztisch mit zwölf Stühlen, daneben ragte ein riesiger Schrank mit sieben Fächern und dreizehn Schubladen, von denen man aber nur zwölf sehen konnte. Die dreizehnte war eine Geheimschublade, aber sie klemmte. In diesen Schrank stopfte Grapsch seine Beute. Unter einem überhängenden Felsen hatte er sein Bett. Das bestand aus einem Haufen Heu und einer rosa geblümten Steppdecke, die er einmal einer alten Dame von der Teppichstange geklaut hatte.

*Gudrun Pausewang*

offene Lösung

# 8 Frühe und moderne Schriftzeichen

60

Die Sumerer hatten sich schon vor über 3000 Jahren Schriftzeichen überlegt. Wir können heute noch herausfinden, was sie bedeutet haben.

1 Besprecht die Schriftzeichen und verbindet sie mit den passenden Wörtern.

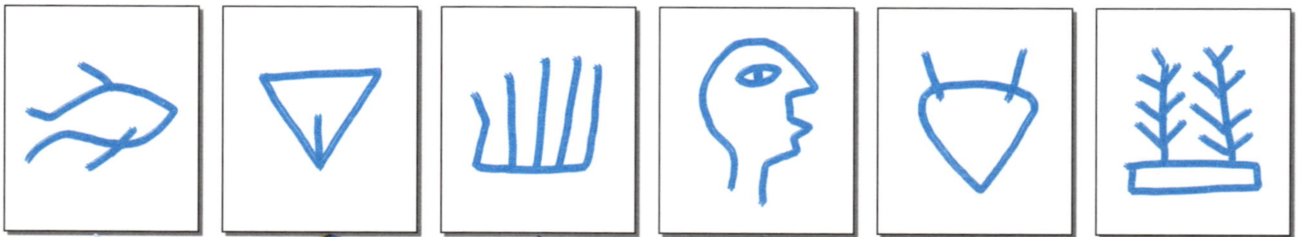

Kopf | Fisch | Garten | Hand | Frau | Rind

Auch heute erfinden Menschen immer wieder neue Schriftzeichen, zum Beispiel mit der Tastatur.

2 Verbinde die Wörter mit den passenden modernen Schriftzeichen.

| | |
|---|---|
| :) | Zunge rausstrecken |
| <3 | lautes Lachen |
| :X | schweigen |
| :( | Herz |
| :P | weinen |
| :´( | lachend |
| :D | traurig |

3 Denke dir ein modernes Schriftzeichen aus. Schreibe es mit den Zeichen der Tastatur.

# 8 Rechtschreibstrategien erkennen (1)



1 Trage das Strategiezeichen ein, das hilft die richtige Schreibweise zu finden. Ergänze die fehlenden Buchstaben.

in Silben gliedern

ein Ableitungswort finden

verlängern

M Merkwort

Jedes Strategiezeichen muss sechs Mal eingetragen werden.

**Dabei sein ist alles**

Jede Sportart hat ihre Anhänger. Daher begeistert eine Weltmeisterschaft Jung und Alt. Es ist egal, ob Fußball gespielt wird, Wettkämpfe in der Leichtathletik stattfinden oder Tänzer anmutig durch den Tanzsaal schweben.

Viele Besucher auf den Zuschauerrängen schwenken ihre Fahnen. Manche Fans sind völlig aus dem Häuschen und halten Spruchbänder in die Höhe. Sie klatschen und jubeln wie wild, wenn ihr Superstar an der Reihe ist.

Doch ganz gleich wer gewinnt, so ein Sportfest ist für alle Teilnehmer ein besonderer Erfolg.

# 8 Rechtschreibstrategien erkennen (2)

**1** Umkreise die richtige Schreibweise.
Markiere die richtige Strategie und beweise deine Entscheidung.

| Wort | | Strategie | Beweis |
|---|---|---|---|
| der Sta✱:<br>Stam oder<br>**Stamm**? |  | In Silben schwingen (P)<br>Ableiten von einem verwandten Wort (R)<br>Weiterschwingen des Wortes **(E)**<br>Merkwort (kein Beweis!) (L) | Stamm<br>die Stämme |
| der Fu✱:<br>**Fuß** oder<br>Fuss? | 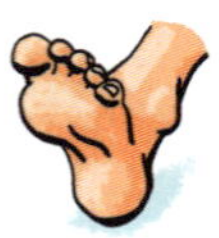 | In Silben schwingen (A)<br>Ableiten von einem verwandten Wort (E)<br>Weiterschwingen des Wortes (U)<br>Merkwort (kein Beweis!) **(L)** | Fuß M |
| die M✱se:<br>Meuse oder<br>**Mäuse**? |  | In Silben schwingen (S)<br>Ableiten von einem verwandten Wort **(E)**<br>Weiterschwingen des Wortes (R)<br>Merkwort (kein Beweis!) (F) | Mäuse<br>Maus |
| der Bli✱:<br>**Blitz** oder<br>Bliz? |  | In Silben schwingen (O)<br>Ableiten von einem verwandten Wort (I)<br>Weiterschwingen des Wortes **(F)**<br>Merkwort (kein Beweis!) (A) | Blitz<br>die Blitze |
| das Moto✱ad:<br>**Motorrad** oder<br>Motorad? |  | In Silben schwingen **(A)**<br>Ableiten von einem verwandten Wort (S)<br>Weiterschwingen des Wortes (N)<br>Merkwort (kein Beweis!) (L) | Motorrad<br>Mo-tor-rad |
| run✱:<br>**rund** oder<br>runt? |  | In Silben schwingen (A)<br>Ableiten von einem verwandten Wort (T)<br>Weiterschwingen des Wortes **(N)**<br>Merkwort (kein Beweis!) (U) | rund<br>runde |
| die Oli✱e:<br>**Olive** oder<br>Oliwe? |  | In Silben schwingen (S)<br>Ableiten von einem verwandten Wort (E)<br>Weiterschwingen des Wortes (N)<br>Merkwort (kein Beweis!) **(T)** | Olive M |

Lösungswort: E L E F A N T

# 8 Rechtschreibfehler finden

M

**1** Vergleiche die beiden Texte. Markiere die Fehler im rechten Text.

a) Trage die passenden Strategiezeichen (4 x, 5 x, 1 x M) ein.

b) Ergänze zwei fehlende Satzzeichen.

**Umzug aufs Land**

Caro sitzt auf der Gartenmauer.
Sie sieht den Möbelpackern zu.
Eine Kiste nach der anderen
tragen sie in das neue Haus.
Papa wollte unbedingt hierher.
Aufs Land, wo sich bestimmt
kein Ganove hinverirrt. Denn
Papa ist Kriminalkommissar.
Da hat er genug Aufregung
den ganzen Tag, findet er.
Caro seufzt: „Bestimmt wird es
hier furchtbar langweilig …“

*Sabine Kalwitzki*

**Umzug aufs Land**

Caro sizt auf der Gartenmauer.
Sie sieht den Möbelpakern zu.
Eine Kiste nach der andren
tragen sie in das neue Haus.
Papa wolte unbedingt hierher.
Aufs Lant, wo sich bestimmt
kein Ganowe hinverirt. Denn
Papa ist Kriminalkomissar.
Da hat er genug Aufregung
den ganzn Tag, findet er.
Caro seufzt: „Bestimt wird es
hier furchtbar langweilig …“

# 8 Ein Haiku schreiben

1. Überprüfe, welche der Gedichte Haikus sind.
Zähle dazu die Silben jeder Zeile und schreibe sie auf.

2. Rahme die Haikus ein.

| | |
|---|---|
| Morgenstille hier | 5 |
| sanfter Wind weht durch den Wald | 7 |
| den Blick nach vorne | 5 |

| | |
|---|---|
| Wer den August verschläft, | 6 |
| wacht im Winter hungrig auf. | 7 |

| | |
|---|---|
| Fluss | 1 |
| Gleich ist schnell jetzt, | 4 |
| Jetzt ist schnell eben, | 5 |
| Gleich ist bald vorhin. | 5 |
| *Matthias Duderstadt* | |

3. Schreibe ein Haiku. Die Wörter im Kasten können dir helfen.

Regenwetter ✦ Sommer am Meer ✦ Blumenwiese ✦ Abendrot

offene Lösung

# 8 Ein Parallelgedicht verfassen

53

1 Suche für jede Farbe ein Wort aus dem Wortfeld **sagen**.

**Wortfeld sagen**

offene Lösung

2 Trage die Wörter in den Bauplan ein.

offene Lösung

und

und

und

und

und

# 8 Reimwörter einsetzen

1 Ersetze die Bilder und die Tintenkleckse durch passende Reimwörter.

Theodor, der  Tintenfisch,

schreibt einen langen Brief an  mich,

schreibt eine Karte an Herrn  Wal,

schickt auch Post an einen  Aal,

schreibt ein paar Zeilen an den  Löwen,

gratuliert der  Silbermöwe,

und dann noch auf die  Schnelle

einen Gruß an Frau  Gazelle.

Wird wohl auch dem Nilpferd  schreiben

und sich so die Zeit  vertreiben.

Tut er dir nicht richtig  leid,

sieben Briefe zur gleichen  Zeit?

*Detlef Kersten*

# 8 Zwei Gedichte entflechten

1 Hier sind zwei Gedichte durcheinandergeraten.
Unterstreiche mit zwei verschiedenen Farben, was zusammengehört.

**Die Maus** *(Kornelia Schrewe)* **Mäuselist** *(Hans Baumann)*

In der Rumpelkammer versucht die Katze
die Maus zu erwischen mit einem Satze.
Die Maus hat kleine Füße
und sehr kleine Ohren
und sehr kleine Zähne.
Die Maus ist grade noch weggehüpft
Sie hat dünne Schnurrhaare
und in einen Kinderstrumpf geschlüpft.
und sehr dunkle Augen
und kann sehr schnell laufen.
Sie hat ein dunkelbraunes Fell
Und plötzlich schlängelt sich da eine Schlange
und einen sehr langen Schwanz
und sie riecht sehr schlecht.
und hebt den Kopf – der Katze wird bange.
Sie sträubt das Fell, macht kehrt, reißt aus –
und was kommt aus dem Schlangenschwanz raus?
Die Katze mag sie, wie sie ist.
Na was denn? Die Maus .

2 Lies nun beide Gedichte getrennt vor.

# Einsterns Schwester 3

Arbeitsheft


Herausgegeben von: Roland Bauer, Jutta Maurach

Erarbeitet von: Katrin Baudendistel, Daniela Dreier-Kuzuhara, Wiebke Gerstenmaier, Sonja Grimm, Annette Schumpp, Jutta Sorg

Auf der Grundlage der Ausgabe von: Wiebke Gerstenmaier, Sonja Grimm, Ursula Oswald, Annette Rothfuß

Redaktion: Kirsten Pauli

Illustration: Yo Rühmer, Frankfurt am Main

Umschlaggestaltung: Cornelia Gründer, agentur corngreen, Leipzig

Layout und technische Umsetzung: lernsatz.de

**www.cornelsen.de**

Alle Drucke dieser Auflage sind inhaltlich unverändert
und können im Unterricht nebeneinander verwendet werden.





Druck: Parzeller print & media GmbH & Co. KG, Fulda

1. Auflage, 1. Druck 2016
Arbeitsheft
978-3-06-083572-0

1. Auflage, 1. Druck 2016
Arbeitsheft mit Lösungen
978-3-06-083573-7

PEFC zertifiziert
Dieses Produkt stammt aus nachhaltig bewirtschafteten Wäldern und kontrollierten Quellen.
www.pefc.de
PEFC/04-31-1308